Minha vida em versos e *flores*

Editora Appris Ltda.
1.ª Edição - Copyright© 2025 dos autores
Direitos de Edição Reservados à Editora Appris Ltda.

Nenhuma parte desta obra poderá ser utilizada indevidamente, sem estar de acordo com a Lei n° 9.610/98. Se incorreções forem encontradas, serão de exclusiva responsabilidade de seus organizadores. Foi realizado o Depósito Legal na Fundação Biblioteca Nacional, de acordo com as Leis n°s 10.994, de 14/12/2004, e 12.192, de 14/01/2010.

Catalogação na Fonte
Elaborado por: Dayanne Leal Souza
Bibliotecária CRB 9/2162

S728m
2025

Souto, Arthur
  Minha vida em versos e flores / Arthur Souto, Sueli Witts. – 1. ed. –
Curitiba: Appris: Artêra, 2025.
  109 p. : il. ; 21 cm.

ISBN 978-65-250-6628-8

1. Poesia brasileira. 2. Equilíbrio. 3. Feminismo. I. Witts, Sueli.
II. Título.

CDD – B869.1

Appris editorial

Editora e Livraria Appris Ltda.
Av. Manoel Ribas, 2265 – Mercês
Curitiba/PR – CEP: 80810-002
Tel. (41) 3156 - 4731
www.editoraappris.com.br

Printed in Brazil
Impresso no Brasil

Arthur Souto
Sueli Witts

Minha vida em versos e flores

Curitiba, PR
2025

FICHA TÉCNICA

EDITORIAL	Augusto V. de A. Coelho
	Sara C. de Andrade Coelho
COMITÊ EDITORIAL	Marli Caetano
	Andréa Barbosa Gouveia (UFPR)
	Edmeire C. Pereira (UFPR)
	Iraneide da Silva (UFC)
	Jacques de Lima Ferreira (UP)
SUPERVISORA EDITORIAL	Renata C. Lopes
PRODUÇÃO EDITORIAL	Daniela Nazário
REVISÃO	Marcela Vidal Machado
DIAGRAMAÇÃO	Amélia Lopes
CAPA	Daniela Baumguertner
REVISÃO DE PROVA	Raquel Fuchs

"Como as flores, somos feitos de ciclos:
murchamos nas tristezas, enraizamos no equilíbrio
e desabrochamos na força de quem somos".

AGRADECIMENTOS

Gratidão em Versos

A Deus, elevo meu canto de louvor,
Por cada passo, por cada labor.
Por janelas abertas ao sopro do vento,
E por sonhos tecidos em cada momento.

À Quétsia, minha flor, minha margarida,
Primeiro broto que enfeitou minha vida.
Tua fé em mim é estrela que guia,
Um farol que ilumina minha poesia.

Renata, diretora de palavras que elevam,
Tua força é ponte para que sonhos se atrelem.
Inspiras com gestos que fazem brilhar,
És sol que aquece e faz germinar.

Ao Fábio, estagiário de olhar visionário,
Que fez brotar em mim um futuro literário.
Com cada conselho, cada mão estendida,
Mostrou que a escrita é também guarida.

Sheila, amiga de luz tão sincera,
És a brisa suave que o espírito tempera.
Teu apoio é abraço em forma de gesto,
És poema vivo, em ti tudo é manifesto.

A todos que cruzaram meu caminho,
Que regaram meus dias com tanto carinho,
Deixo aqui meu mais puro coração,
Feito verso, melodia e emoção.

Minha trajetória é jardim cultivado,
Repleto de aprendizados e encantado.
E em cada passo, um sonho floresce,
Pois a gratidão é a força que enobrece.

Aos nossos familiares, por serem o solo fértil que nutriu nossas raízes e nos ensinou a crescer, mesmo em tempos de tempestade.

Aos amigos que, como flores no caminho, trouxeram cor, leveza e companhia nos dias mais cinzentos.

A todos que acreditaram em nossa jornada, regando nossos sonhos com palavras de incentivo e carinho.

E a você, leitor, por caminhar conosco por este jardim de versos, compartilhando das emoções que transformamos em poesia. Que cada página seja um florescer em sua vida.

Com amor e gratidão,

Arthur Souto e Sueli Witts.

APRESENTAÇÃO

Meu amor nas flores

Em toda minha vida somente enxerguei os espinhos que algumas flores possuíam, até escrever este livro. Assim como essas flores com seus espinhos, que são próprios de sua natureza, percebi que os espinhos em minha vida também eram parte de minha natureza.

Aos poucos fui analisando e avaliando toda a minha trajetória e vi que, em todos os momentos em que somente enxerguei os espinhos, as flores estavam juntas, e cabia somente a mim retirar esses espinhos e prosseguir cuidando das flores.

Raras foram as vezes que admirei as flores, em vez disso, eu chorava os espinhos cravados em mim. A maturidade chegou e com ela aquela nostalgia também. Questionamentos e respostas de tudo até então não entendido.

Encontrei nas flores tudo de que precisava para explicar minha simples e solitária existência no seio familiar, nos filhos, nos amigos e no amor. Ninguém é culpado, porém também ninguém é inocente, somos responsáveis por tudo que trazemos para nossas vidas, e às vezes necessitamos tanto, mas tanto de companhia que acabamos por nos enredar por caminhos que só nos ofertam espinhos em flor.

Cada poema tem um pedaço de minhas experiências, nas quais não sou isenta dos sofrimentos vividos, eu aceitei sofrer mesmo sem entender o motivo. Aceitei as rejeições, que não foram poucas, mesmo depois de certo tempo de amizade.

Sempre soube que não nascemos para caminhar sozinhos, precisamos uns dos outros, porém descobri que não são todos que querem nos acompanhar nesta caminhada. Doeu e dói até hoje!

Tenho todos os defeitos possíveis em um ser humano, e o pior deles foi querer ter ao meu lado pessoas que só me faziam sofrer.

Mudei minha trajetória, nunca esquecerei quem passou por minha vida, porque se fui magoada, também magoei e machuquei. A vida é uma via de mão dupla e para não machucar, magoar e fazer sofrer, vou me recolher no meu jardim.

Nesse jardim eu assisto todos os dias a tudo que já fiz de errado e a tudo que já lutei para corrigir, contudo, em vão, sou humana e como humana não posso mudar minha natureza, que insiste em se isolar e deixar que a vida siga seu fluxo, ofertando a cada um a colheita do que plantamos ao longo da vida.

PREFÁCIO

Ao ler *Minha vida em versos e flores*, embarquei em uma jornada poética que transcende o simples ato de escrever. O livro me conduziu por um jardim de emoções, onde cada poema é uma flor única, que ora resgata a dor, ora celebra a força, mas sempre inspira.

Na primeira parte, encontrei versos que brotam das sombras, compondo um terreno melancólico, no entanto fértil, onde a tristeza é encarada como uma mestra silenciosa. A segunda parte trouxe o equilíbrio das manhãs, em poesias que buscam harmonia entre o caos e a serenidade. Já a última seção é um verdadeiro manifesto de empoderamento feminino, com flores que desabrocham em cores vibrantes, celebrando a resiliência e a beleza da alma feminina.

Minha vida em versos e flores é uma obra que convida o leitor a se conectar com as raízes mais profundas da experiência humana. É mais do que um livro de poesias; é um chamado à reflexão, à superação e ao florescer. Foi um privilégio explorar esse jardim literário e dividir com vocês a certeza de que cada verso carrega a força de transformar vidas.

Luís Fernando Pupin Pereira Tavares

Nascido em Tupã/SP em 23 de abril de 1980, é um educador e poeta que transita com sensibilidade entre o universo acadêmico e literário. Com uma trajetória sólida, iniciada no CEFAM – Centro Específico de Formação e Aperfeiçoamento do Magistério, e enriquecida pelos cursos de Letras e Pedagogia. É mestre em Ciências pela Unesp de Tupã e atualmente aguarda o resultado do processo seletivo para o doutorado. Conhecido como Prof. Pupin, ele acumula 21 anos de dedicação à sala de aula e um expressivo repertório literário.

Como poeta, teve suas obras publicadas em antologias como Rupturas, Louvação, Sexo Forte e Os 100 melhores poemas. Recebeu, ainda, a quarta colocação no I Prêmio Verdejar de Literatura com o poema "Momento(s)", consolidando-se como uma voz marcante da poesia contemporânea. Agora, Pupin assume o papel de autor convidado para o prefácio de Minha vida em versos e flores, oferecendo sua perspectiva sensível e experiente sobre esta obra.

NOTA DOS AUTORES

Escrever *Minha vida em versos e flores* foi um processo de conexão profunda com nossas histórias, sentimentos e visões de mundo. Este livro é mais do que uma coletânea de poesias; é um retrato sensível das nossas jornadas, traduzido em versos que florescem com autenticidade e emoção.

Cada parte deste livro reflete um momento distinto. Nas poesias tristes, desnudamos as sombras que nos moldaram, enfrentando nossas dores e vulnerabilidades. Nas poesias concretas, buscamos o equilíbrio, traduzindo em palavras o esforço para encontrar harmonia em meio ao caos. E, no desfecho, com poesias de empoderamento feminino, celebramos a força que descobrimos em nós mesmas e em outras mulheres, como um campo de flores vibrantes que exalam coragem e autoconfiança.

Escrever a quatro mãos foi uma experiência enriquecedora. Nossas vozes, ainda que únicas, se entrelaçam como ramos de uma mesma planta, formando um jardim de perspectivas e sentimentos. Esperamos que você, leitor, possa caminhar por este jardim com o coração aberto, encontrando em cada verso um espelho, uma inspiração ou um sopro de esperança.

Com gratidão e afeto,
Arthur Souto e Sueli Witts.

SUMÁRIO

AS QUATRO ESTAÇÕES DO ANO 21
FLOR COLHIDA 22
AMOR PERDIDO 23
SEMENTE DA DOR 24
GOSTO DAS LÁGRIMAS 25
MÃE 26
LUTO ETERNO 27
SUA FELICIDADE 28
LEMBRANÇAS 29
MESMO LUGAR 30
BELEZA ROUBADA 31
MIL VEZES VOCÊ 32
PRIMEIRO AMOR 33
CAIR DA NOITE 34
NOBRE AMOR 35
A CADA ESTAÇÃO 36
SOZINHA 37
ESPINHOS 38
ETERNIDADE 39
GRATIDÃO 40
UM POUCO MAIS 41

ADJETIVOS	42
UMA VEZ MAIS	43
AMOR E ÓDIO	44
AMOR E AMAR	45
MEU EXISTIR	46
DOIS CRAVOS	47
ERVA-DANINHA	48
FEL AMOR FIEL	49
NEGRO CORAÇÃO	50
SOU MULHER	52
PAZ PARA O CORAÇÃO SOFRIDO	53
AMOR CONDENADO	54
MINHA FILHA	55
ESTEIO DA FAMÍLIA	56
SOLIDÃO NA MULTIDÃO	57
MARIA ORTÊNCIA	58
JARDIM DE AMIZADES	59
FLOR DO MEDO	61
A ESSÊNCIA DO COMPARTILHAR	62
DESPEDIDA FINAL	64
RESPOSTA AO MUNDO	71
A JORNADA	72
CAMINHOS DE PLENITUDE	74

EQUILÍBRIO	76
EMPODERADA	78
PODEROSA	79
DECIDIDA	80
SABEDORIA	81
RADIANTE	82
HARMONIA	83
JUVENTUDE	84
RESILIENTE	85
ESPERANÇAR	86
PUREZA	87
SINGULAR	88
ODE À MULHER ADMIRADA	89
A JORNADA DE FÉ E RECOMEÇO	91
SINFONIA DA RENOVAÇÃO	92
DOÇURA DA RENOVAÇÃO	93
TOQUE DE AMOR	94
JARDIM DE ESPERANÇA	96
PASSEIO NO JARDIM DA ALEGRIA	98
JARDIM NO CORAÇÃO	100
O LEGADO DA DAMA DA ROSA	101
A JORNADA DE ÍRIS	103
JARDIM DE SABERES	105

BUQUÊ 106
ECOS DE VIDA E FLORES 107

As Quatro Estações do Ano

Tu quiseste ser a primeira e a última num coração,
Mas esse coração nunca permitiu que tu chegaste sequer à sua porta.
Tu foste recebida por ele do lado de fora, no frio ou no calor,
Nas quatro estações do ano!

Tu aqueceste o coração dele quando o cobertor dele estava molhado.
Agora, entre lágrimas, tu te descreves.
São as lembranças que te mantêm viva.
Tu és uma flor de trigo sarraceno, foste amante.

No teu campo de trigo foi jogado veneno.
Veneno do abandono e esquecimento.
E mesmo sendo uma flor de trigo sarraceno,
Foi negado a ti até mesmo ser amante.

Flor Colhida

Morro dia a dia sufocada
Nesta redoma, onde tudo é nublado.
Levaste minha esperança e minha alegria
Hoje choro a flor colhida em tempo marcado.

A vida me sorria, e meu sorriso era belo
Quanto às flores dos lírios da paz radiantes
Assim era meu coração
Cheio de folhas e flores.

E como o ar que se vai logo acabar
Sou eu em meio ao lírio queimado
Sem oxigênio e sem ar
Num eterno perseguir, esperança...

Arthur Souto & Sueli Witts

Amor Perdido

Um único pedido te faria
Se tuas pétalas sakura, eu conseguisse...
Assim o rio correria em mim todo dia
Na esperança de ver o amor.

Como um véu sem adorno e solitário
Sou eu a esperar por três pétalas.
Assim é meu coração por ti, cerejeira
Ele grita sem que tu o ouças.

Se podes realmente me ceder um pedido
Faça-me este favor nesta hora
Traga-me o amor perdido
Ou consola-me sem demora.

Semente da Dor

Chegaste sem avisar, trazendo a alegria em ti
Em teus braços senti o desabrochar da bela flor
Apagando as lembranças ruins
E plantando em mim a semente da dor.

Os dias passaram e com eles a dor aumentou
Procurando em vão encontrar-te
Enquanto a semente em mim germinava
O frio e o abandono nos ameaçavam.

Procurei-te e não quiseste me ver
Na fraqueza e no meu medo
Tiraste de minhas entranhas o amor
E finalmente... acabou...

Arthur Souto & Sueli Witts

Gosto das Lágrimas

Como a rosa vermelha, assim é meu coração
O amor corre em minhas veias
Amo querendo ser amada
Como as pétalas das rosas perfeitas.

Em teus espinhos senti tua altivez
Não tiveste piedade ao ofertá-los
Quando me abraçaste pela última vez
Enquanto eu sentia o gosto das lágrimas.

Disseste que voltarias, tu foste me perdendo
E se negou a desabrochar a rosa em botão
Esperei... e o espero ainda, mesmo sabendo
Que me aguarda o sofrer nesta paixão.

Mãe

Em teu ventre fui concebida e rejeitada
Tentaste me expulsar, mas resisti e fiquei
Não sabia o que aconteceria, só queria nascer
Vivi em último plano para ti... e para muitos.

Em teus seios pouco me alimentaste, não por tua culpa,
Mas pela rejeição paternal que não permitia o meu alimento
A base de farinha de trigo já usada para empanar sardinha
Na miserável vida que viveste.

Mas tu és para mim a flor de algodão,
Que mesmo em meio aos espinhos me acalentava
Em teu peito o algodão se fazia presente
Para acalmar um corpinho sem pele, porém quente.

Arthur Souto & Sueli Witts

Luto Eterno

Querias em tom vermelho dizer: amo-te,
Mas até isso me é proibido;
Meus sentimentos são os que mais falam em meu coração
Um amor silenciado que não tem fim.

Tentei à tua maneira ser feliz,
Mas como o campo de crisântemo amarelo
Vives do luto do amor que vive em outro lugar
Nunca morres, mas esperas por ti, felicidade.

Não quero partir sem ver-te mais uma vez
Somente uma vez mais, tira-me desse silêncio
Que parece ser eterno em um canteiro
Onde sou a flor amarela em luto.

Sua Felicidade

Desejei ardentemente ver-te feliz,
Mas não soube como agir e o perdi
Como fazer feliz um coração
Que não bate na mesma sintonia?

A felicidade dele não estava comigo
E a minha tristeza vem de ti
Assim como é a flor azul *delfino*
Sempre digo: fui feliz contigo.

Minha tristeza se torna felicidade
Ao saber que tu estás feliz
Seja *delfino* da cor do céu
E estando o céu azul, agradeço a Deus

Arthur Souto & Sueli Witts

Lembranças

Poucas foram as vezes que te tomei como calmante
Busquei em ti a certeza... na incerteza
A dúvida existe até hoje, e não sei o que senti
Nem mesmo o chá acalma-me.

Sabes que me coloquei em tuas mãos sem reservas
Por conheceres minha verdade sentimental
Ficou o mal que me consome dia a dia
E nem o mais eficaz remédio cura.

Sou flor de chá nas noites solitárias
Tens algo que cura a saudade?
Tu não tens noites solitárias, mas...
Também não tens lembranças.

Mesmo Lugar

Com teu encanto me enfeitiçaste, e agora?
Não tem como escapar para a liberdade meu coração.
Por que vieste para seduzir-me e abandonar-me
Deixando a saudade como herança?

Queria ser a flor frésia,
Moraria em um jardim colorido e seria
Uma namorada, uma amiga, uma família
No entanto, não sou uma nem outra.

Foi aberto em meu peito um caminho nas lembranças
Que juntos traçamos um dia, sem jamais terminar,
Mas somente eu fiquei no caminho perdida, sem direção
Deveras vou e volto... sempre ao mesmo lugar.

Arthur Souto & Sueli Witts

Beleza Roubada

Tua pele lisa como uma flor
Reflete em mim a juventude deixada para trás
Admiração sentia e sinto em ti e por ti
O mundo diz não, digo sim!

Insisto que é verdadeiro o meu amor
E assim como o aroma da flor *lisianto*
És tu em tua delicadeza em abandonar
Sem te sentires culpado pelo abandono.

No campo semeado morro por falta de cuidados
A flor bela que antes vibrava com a vida
Hoje luta constantemente para se manter
Viva sem a beleza que lhe fora roubada.

Mil Vezes Você

Em uma noite tive o mais belo olhar em tua direção
Um olhar sem palavras, mas que dizia tudo
Lembranças do toque, do sorriso e do cuidado
Não querias ser deixada...

Marcas que duram e que doem até hoje
Comparo-me hoje à morte viva
E se tiveres que nascer mil vezes
Mil vezes escolho amar-te.

Vivo porque ainda o amo
Sou como a prímula da noite
Morro ao amanhecer... e renasço
Ao anoitecer em meu amor eterno.

Arthur Souto & Sueli Witts

Primeiro Amor

Ao meu primeiro amor queria
Ter ofertado uma rosa laranja
Sim! Pois tu és e serás para sempre
Meu primeiro amor.

Se possível for e Deus permitir
Em outra vida quero amar-te novamente
Com a mesma intensidade
Mesmo que sofras tudo de novo.

Em outra vida, apaixonar-me-ei por ti.
Dar-te-ei uma única rosa laranja
E espero que tu lembres de que
Prometo isso nesta vida.

Cair da Noite

Assim como o Sol aquece, és tu a mais bela das flores
Luz em teu outono que representa a primavera em tua vida
Olhar-te é observar a flor que desabrocha com a luz
Do Sol em sua plenitude e majestade harmoniosa.

Para minha tristeza, a felicidade definitivamente não virá
Sofro a ausência deste amor que me mantém viva
Onde a noite se faz presente em plena luz do dia
É o meu viver por viver sem ti...

Sim, sou como a calêndula africana
Que está dia a dia dizendo adeus,
Mas ao cair da noite em meu leito
Choro a dor do triste adeus.

Arthur Souto & Sueli Witts

Nobre Amor

Nem todas as rosas das mais diversas cores
São capazes de explicar a minha existência,
Guardo em meu interior um amor único
Que somente a ele ofertarei... nesta vida ou na outra.

É um amor que me acorda do sono e do sonho,
Que transcende toda a minha inteligência
No ser... no agir... com o amor... e como amor
É o amor na existência com a existência do amor.

Como a rosa verde é meu amor por ti
E ela é bonita, porque nela é nobre o meu amor
E possivelmente só o realizarei na outra vida
Esperar-te-ei na imensidão do céu.

A Cada Estação

Sou a primavera à espera das flores
Pensando no amor distante, em pleno outono,
Quando deveriam cair tuas flores
Assim como floresce a flor, floresce o meu amor.

A cada estação a esperança se renova em meu coração
Ansiosamente aguardo o teu retorno, amor louco
e estranho
Todos os sofrimentos da vida não se comparam o
sofrer por ti
É uma saudade dilacerante que corta sem usar lâmina.

Busco nas flores, em especial a forsítia
Semelhante aos meus sentimentos
E na sua beleza e cor, simplesmente revela
Que meu amor é mais profundo que o teu.

Arthur Souto & Sueli Witts

Sozinha

Se pudesse dizer a qual flor me comparo,
Com certeza é o cravo amarelo ou branco listrado
Nada recebi e conformei-me na falsa alegria e segurança
Sonhos desfeitos e pesadelos constantes.

A saudade rasga meu coração todos os dias
Nada do que fazes pode aliviar a tristeza
És o cravo com listras, esta é tua vida
Saudades de um amor não correspondido.

Ansiosa, espero pelo amor em meu jardim
Fizeste-me acreditar que é bom amar,
Mas só nasceram cravos amarelos afirmando
Que minha caminhada é sozinha.

Espinhos

Todo meu ser é amor, amor por ti
Não se ama mais que uma vez, ele é único
Assim é meu amor neste imenso universo
Onde fiz de ti o centro do meu viver.

Cada poro de meu corpo possui um espinho cravado
Não sangra, mas esvai-me pouco a pouco sem ti
Quando as lembranças chegam sem aviso, a dor é imensa
Não consigo descrever este sentir-te sem ter-te.

Tu és flor de cactos, envolveste-me em teu abraço,
Deixando cravados em mim os espinhos que ferem
Sem cessar uma alma que só quis ser amada
Sem nada pedir, porque meu amor é eterno.

Arthur Souto & Sueli Witts

Eternidade

Mais uma vez, queria ter te visto
E dizer: Amo-te! Simples, mas impossível.
Em nada... fui ou serei para ti.
Não me julgues pelas palavras duras.

Só sabe a força que tem nestas palavras
Quem realmente ama... ou amou
Amor, palavra perfeita para quem a conhece
Vai além da vida, além da morte.

Tu és a minha espera mais demorada
És a minha flor de camélia branca
Que me obriga a esperar-te
Pela eternidade, porque não quiseste o meu amor.

Gratidão

A ti sou grata, grata por me revelares o amor
Mesmo um amor suplantado pela ausência
Tu me ensinaste a amar e a seguir
Um caminho sem volta e sozinha...

Muito lutei e relutei, mas foi em vão
As lembranças são vivas e isso não tenho como controlar
Busco-te em minhas memórias mais íntimas
Ainda sinto as mesmas sensações.

Como a flor sino azul, assim são minhas lembranças
Que tocam no mais profundo do meu ser
E a saudade me aflige, não sei o que fazer
Porque tu não me ensinaste a esquecer!

Arthur Souto & Sueli Witts

Um Pouco Mais

Os dias são lentos e difíceis, eu tento
E não importa o quanto, sempre estou triste
Tu não podes ver e, como a faca que um dia
Cruzou meu caminho, sinto teu abraço protetor.

Choro só por ti e rio só por ti
Mesmo que doa, eu só quero a ti
Como o Sol quente dura no céu
Poderia ter amado um pouco mais.

Tu, flor de narciso amável, não prometeste um amanhã
Nem felicidade juntos, ainda assim, sou grata
Um dia vais me encontrar, eu sei! Porque sempre
estarei ao teu lado, nesta vida ou na outra.

Adjetivos

Com o meu charme e humor, atraí muitos,
Acolhi em minhas aflições os que amam como eu.
Hoje, sorrio chorando de saudades de ti
E não tenho um ombro amigo para me apoiar.

Ninguém entende meus sentimentos, nem mesmo tu
Uma vez mais, quero gritar que te amo, mas não posso
Sufoco entre soluços e lágrimas o meu mais sublime sentimento
Choro tua ausência, és o punhal cravado em meu peito.

Como a flor delfino, tenho charme e humor,
Mas estes adjetivos não servem para mim
Só choro por tudo em ti
E choro porque não me quiseste.

Arthur Souto & Sueli Witts

Uma Vez Mais

Deus, se possível, leva-me daqui
E se não for o momento, dê-me forças
Estou sucumbindo por este amor avassalador
Ajuda-me a superar a saudade e ausência.

Que um dia eu possa saber que alguém me amará
além da vida
Queria ser como a flor gladíolo e como uma espada
Arrancar pela raiz o amor que me faz sofrer de saudades
Livrar a terra em mim tão sofrida sem um bom arador.

Sinto-me em um poço sem fundo e sem escapatória
Ali fui jogada para não mais sair
Estou morrendo aos poucos, e com o pouco de ar
nos pulmões
Grito uma vez mais: Preciso ver-te!

Amor e Ódio

Em meus sonhos deixas as minhas paixões livres
Neles vivo tudo que não posso na realidade
Sonho com tuas mãos envolvendo meu rosto
E, olhando em meus olhos, beija-me.

Sinto o abraço com paixão e como a mais linda orquídea vermelha
Entrego-me sem artifícios, porque sonho a minha verdade
Sonho contigo como quando te conheci, lindo e intenso
Falamo-nos com o olhar e só isso basta.

E como a orquídea rosa o amor acontece...
Ao acordar vem o desespero do vazio que fica.
Já não sou rosa, nem vermelha
Sou flor negra, amor ao sonhar e ódio ao acordar.

Arthur Souto & Sueli Witts

Amor e Amar

Hoje a saudade veio visitar-me... chorei,
Chorei a tristeza de não te ver... sentir-te
Quisera a vida sorrisse para mim
Assim como sorrio para a vida.

Vida que em mim se foi
Na sobrevida e esperança de que um dia a vida retorne
Para que meu coração bata ao som de tua voz
Em teu peito encostar a cabeça e... respirar.

Sol, meu girassol, traga a luz da vida
Que meu olhar mostre felicidade e não
A tristeza por estar longe daquele
Que me ensinou o que é o amor e amar.

Meu Existir

Vazia, assim estou hoje, tudo é cinza
Dizer "Amo-te hoje" somente em pensamento
Já não suporto a distância e a indiferença
Meus sentimentos valem tão pouco assim?

Onde estás, lavanda que acalma meu ser abalado?
Traz de volta a minha tranquilidade, pois antes de ti
Tinha quase tudo, hoje não tenho quase nada,
Pois me falta tu, ar que respiro e que explica meu existir.

Até o paladar era perfeito ao sentir teu sabor
Sigo meu caminho sem coragem de tomar outros sabores
Sei que nenhum outro sabor se compara a ti
Tu és a calma e o paladar, um elo único em mim.

Arthur Souto & Sueli Witts

Dois Cravos

Tanto já perdi que às vezes esqueço o perdido
De uma vez foram-me tirados dois cravos, e mais uma vez sozinha
Cravos que observava ao longe desabrocharem para a vida
A vida maltratou meus cravos e... chorei... chorei muito.

O que fazer se nem em um jardim pude plantá-los?
Mas os cravos cresceram e com eles a saudade do jardim
Várias foram as vezes que esta terra me maltratou, como doía
Sabia que a terra era fértil e teria rosa ou cravo novamente.

Hoje os cravos encontraram a terra um dia maltratada
Quase um perfeito jardim, um dos cravos cresceu doente
Sentido pelo abandono... plantado em meu coração, o jardim sofre
Na esperança de que o cravo me perdoe e volte
para o jardim.

Erva-daninha

A saudade é um sentimento perverso que me maltrata
Não tem remorsos em fazer meu coração chorar
Quando ela chega sem avisar, tudo ao redor balança
Tira-me o chão e me deixa sem ar.

De que vale amar se a saudade é eterna companhia?
Sou como o alecrim no campo, ninguém conhece
Basta sentir a dor da saudade que a ele recorres
Fui erva-daninha quando me buscaste por buscar.

Saudade, deixa-me viver, mesmo sem o amor
Ensina-me a caminhar sem esperar encontrar
Quem há muito se foi pensando em não voltar
Que eu aprenda a amar... vivendo na saudade.

Arthur Souto & Sueli Witts

Fel Amor Fiel

Meu interior reclama a sensação de não existir;
Estou em um mundo ao qual não pertenço
Sei que existo, porque exististe; deveras, és real
Ao contrário de mim... sonho distante... ilusão perfeita.

Tu és o fel em minha boca, amargo, destróis meu paladar
Nem mesmo a flor de vanilla é capaz de trazer o sabor perdido
Luto para não deixar o amargor matar o amor
Como deixar morrer o amor sendo fiel ao meu fel?

A trajetória da vida é isto, conheci o amor
É o amor que me ensinou a viver intensamente
Simplesmente se vai deixando-me sozinha
Saboreando amargamente sua ausência.

Negro Coração

Será que sentes minha falta, lembras-te de mim?
Não há um dia sequer que não me lembre de ti
Por que te foste, deixando-me a sofrer e a chorar?
Estou sozinha, perdida e sem destino.

Não entendo esta forma de amar sofrendo
No início é como a orquídea, linda e exuberante
Depois, apresenta-se negra, deixando negro o coração
Possuis beleza externa e o interior feio... triste.

Assim és tu, assim é teu coração que vive
Da lembrança da orquídea de um vermelho vivo
Que um dia te fez feliz e sem aviso algum
Deixou meu coração negro sob sua escuridão
Estranho amar-te ainda.

Arthur Souto & Sueli Witts

Amo-te, sabia? És tudo que posso afirmar-te
Nada do que faço é capaz de matar em mim o amor
Nascido do olhar, sem palavras ou gestos... só o olhar
E é esse olhar que busco, aonde quer que eu vá.

Sou flor do deserto, que sozinha acompanha
Com o olhar... tudo à minha volta no imenso vazio
Sou forte por querer viver, mas fraca em esperar
Por um amor que encontrou outro jardim.

Mesmo assim ainda te amo! É estranho...
Mas o que se pode fazer quando o coração
É cego para enxergar e surdo para ouvir?
Que meu lugar é no jardim solitário.

Sou Mulher

Eu não nasci para competir; e com isso perco,
Perco nas amizades, na profissão e na família,
Mas nenhuma dessas perdas é comparável
Ao perder-te, sem ter te tido.

E mais um dia vou lutando para sobreviver
Entre os desafetos e a não aceitação de como sou;
Sou mulher que não se ampara em ninguém
Busco em Deus meu caminhar em justiça.

Assim como a flor dália vermelha
É na intensidade do meu olhar que
Vislumbro o teu olhar
E o que vejo me faz desacreditar.

Arthur Souto & Sueli Witts

Paz para o Coração Sofrido

Às vezes meu semblante amarrado é para
Preservar-me das enganações do mundo,
Mas nos momentos cruciais tomo um vinho
E assim deixo partir o que me aflige.

São vários os motivos, mas todos
Levam a ti, ponto inicial e sem fim
Até quando viverei estes momentos?
No final da noite, meu calmante és tu!

Desejo ser a flor angélica e buscar,
Sem interferências, a harmonia
E paz para meu coração tão sofrido
Que não entende por que sofre.

Amor Condenado

Sou presa em uma cela chamada amor
Ali fui jogada e trancafiada... sem direito
A defesa? Fui condenada por amar
E por este amor perdi minha liberdade.

Perdi o direito a arar a terra de um jardim
Morreram as sementes guardadas no amor
O que era para ser um jardim em flor
Hoje é terra infértil e não produz... nem erva-daninha.

Mataram o amor da terra que era cheia de sonhos
Em minha cela sonho com todas as flores
Flores que fazem e fizeram parte de minha liberdade
Poucas flores ficaram, outras debandaram...

Arthur Souto & Sueli Witts

Minha Filha

Tu chegaste para me ajudar a viver
Se não fosse tu, eu já teria...
Deixado de existir neste mundo
Tu és meu jardim de margaridas.

Tu, vida da minha vida,
Razão do meu viver temporal
Não penses como Alice
O país não é uma maravilha.

Quero que conheças o amor
E que esse amor seja recíproco
Não te doas demais
Nem aceites menos.

Esteio da Família

Aqui termino minhas declarações de amor
À vida, à família, aos filhos e amigos
E ao grande amor não correspondido
Tudo ilusão, mas tão real.

Tento seguir o tempo que me resta
E só me arrependo de não ter
Me amado mais... vivido mais... e sentido mais...
Ao invés de ter esperado mais dos outros.

O meu amor perfeito está com as marcas
De todos aqueles a quem tanto quis
Mas que me pediram para que eu esquecesse
Meu amor perfeito se foi...

Arthur Souto & Sueli Witts

Solidão na Multidão

Vai! Segue tua vida sem fazer ninguém chorar.
Lembra-te de todas as lágrimas derramadas
Por não ter alguém a te apoiar
Durante as noites mal dormidas

Não reclames a solidão vivida, ela te foi como ouro.
De que valeu ter o mundo ao teu redor se foi a solidão
Que te auxiliou nos momentos cruciais, sabes disso.
A solidão te foi motivação no vazio da multidão.

Despe-te dos adjetivos apontados a ti,
Não fortaleças o que não te pertence.
Sê tu mesma, foi assim que chegaste aqui.
E teu futuro a DEUS pertence.

Maria Ortência

Em um jardim de hortênsias nasceram vários botões
O tempo passou, os botões desabrocharam, o jardim de hortênsias
se foi deixando perdidas as flores e tristes teus corações.
Com muita saudade... chorando segues com resiliência.

Hortênsia, estrela-guia, segue-as com teus olhos
de alma pura
Elas buscam nas lidas seguir teu exemplo em tudo
Iluminas sempre teus caminhos em uma vida tão dura
A ti agradecem eternamente por tudo, por tudo, por tudo.

Como é bom olhar para trás e vislumbrar
que toda dor, por mais que demore,
um dia tem que passar... E teu nome, Maria Ortência,
Nunca irá se apagar

Arthur Souto & Sueli Witts

Jardim de Amizades

Guiado por teus próprios pensamentos,
Cruzas mares e montanhas
Buscando apoio em meio às dificuldades.
No caminho, encontras Juliana,

Alguém que compreende teus lamentos.
Era a amizade perfeita,
Mas, com o tempo e a distância, ela se perdeu.
No entanto, tu, mulher de fé,

Sabes esperar por aqueles que se afastaram.
Assim como um dia tiveste a vontade de voltar,
Sabes que a verdadeira amizade transforma
Mesmo quando é preciso partir

Para depois retornar.
No jardim de azaleias que te cerca,
Manténs amizades verdadeiras,
Aquelas que florescem com sinceridade.

Segues teu caminho sem te apegar
Às amizades passageiras,
Pois preferes cultivar relações
Que sejam para a eternidade.

E mesmo quando a saudade te invade,
Sabes que as sementes que plantaste florescerão.
A amizade, assim como o tempo,
Sempre encontrará um jeito de voltar,

De tocar corações onde quer que estejam,
Mantendo o laço, mesmo na distância.
Pois o que é verdadeiro nunca se apaga,
Nem se perde nas brumas do tempo.

As raízes profundas que criaste,
São a prova de que, no fim,
A amizade que cultivas é eterna,
E para sempre guardará teu caminho.

Arthur Souto & Sueli Witts

Flor do Medo

No jardim do silêncio, sob a névoa densa,
Uma flor desabrocha, mas sua essência é tensa.
Frágil, suas pétalas tremem ao vento,
Carregando em seu íntimo um sombrio lamento.

Suas raízes são feitas de noites sombrias,
Regadas por lágrimas, moldadas em agonias.
O caule, curvado, evita a luz do sol,
Reflexo de uma alma que teme o arrebol.

O medo, em segredo, sussurra em seus galhos,
Cercada de espinhos, ergue seus atalhos.
Vermelho o botão, mas não de paixão,
É o rubor do pavor em lenta erupção.

Cada pétala é um grito calado no tempo,
Ecoando incertezas, sufocando o alento.
Ainda assim, resiste, na sombra a crescer,
Uma flor que reflete o que não pode dizer.

Mas ao toque suave de um raio de luz,
Descobre, aos poucos, que o medo seduz.
E ao desvendá-lo, como flor ao luar,
O pavor se dissolve, deixa de pesar.

A Essência do Compartilhar

Na rosa negra, vês teu próprio coração
E, ansioso por colorir a vida,
Te expões, permitindo que tuas emoções fluam.
Questionas até quando esta jornada irá durar,
Esta busca constante por significado.

Sabes da tua ignorância
E, por isso, procuras o apoio de um amigo.
Agora, começas a enxergar com esperança
A possibilidade de tocar os corações aflitos.

Mesmo que o presente te pareça incerto,
A esperança sempre foi tua aliada.
E, mesmo quando tua mente estava sobrecarregada de dúvidas,
Foi esse amigo que veio te ajudar,
Trazendo a clareza de que precisavas.

Arthur Souto & Sueli Witts

Reconheces, então, que na vida
O mais importante não é o quanto se labuta
Ou o quanto se acumula de sabedoria,
Mas sim o ato de dividir, compartilhar, de ser generoso com
o que tens.

Os amigos e as amigas que fazem parte da tua jornada,
Cada um com seu encanto, cada um com seu valor único,
Guardas no coração como uma flor perpétua... eterna.
Percebes que eles são mais do que simples companheiros,
São curadores da tua dor, aqueles que te ajudam a seguir
em frente.

Despedida Final

Ah, vida! Em meu amor não conquistado...
Se um dia leres o que escrevo somente para ti,
Saibas que tudo que desejeis nesta vida foste tu
E para onde fores, lá também te amarei.

Não te sintas mal com que escrevi e que lês agora,
Tudo que aqui está escrito, falei-te olhos nos olhos,
Mas não tocou teu coração, meu amor foi nada;
"Legal" foi a única palavra vinda de tu boca, já no fim.

Se vieres me ver pela última vez em meu leito sepulcral
Traga-me, por favor, um buquê de flores de ervilha doce,
Elas serão para mim o presente que espero
Deveras, entenderás que é a nossa despedida final.

Arthur Souto & Sueli Witts

Um Olhar novo Um
Um Olhar Um
novo Um Novo
novo Dia
Dia
novo E é provável você ter
novo
Olhar
Dia
sem alegria Converse com alguém
Sem esperança em que confia
Se você se sentir desanimado

aprender
crescer

Muitas coisas temos que

E Assim não paramos de

Muitas coisas nós podemos mudar

Pois a vida não para de ensinar

Mas em cada passo dado uma nova esperança nos transportarão mundo sonhado. Momentos bons, ruins, todos nós passamos.

Poesias / Sublimes / Essas / E com isso / Cada dia / Nos fazem / Ouvir / Abraçar / Ajudar / Poder / Refletir / Sentir / Respirar / Sobre o que temos / Para / Compartilhar

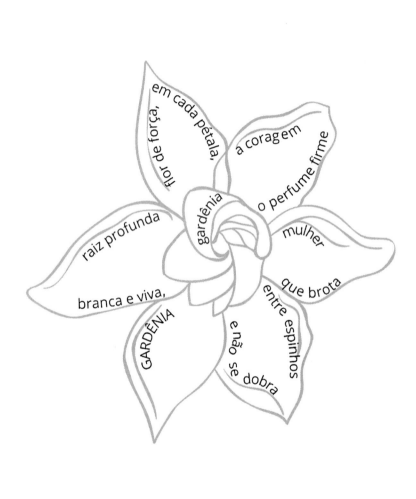

Resposta ao Mundo

Não era para ser uma resposta,
Porém é quase impossível não perceberes
Que esta era a proposta
Do olhar do outro ao leres.

Talvez os mesmos sentimentos
Tu sentes quando de toda a angústia apresentada,
Pois mergulhas nestes momentos
Que ninguém sente nem sabe nada.

Tu não estás só nesta jornada,
Disso eu tenho certeza,
Tu recebeste muita cara fechada
E nem por isso negas beleza.

Nem tudo é como nós pensamos
Nem tudo são flores
E nos altos e baixos em que tropeçamos
Uma hora cessam as dores.

A Jornada

Em um mundo de sombras, tu nasceste,
Com olhos que refletiam a imensidão do céu.
Tu te vias feia, sem graça, sem cor,
Como uma flor pluméria sem seu esplendor.

Tu cresceste, carregando essa dor,
Sem perceber a beleza que em ti se escondia.
Como a pluméria, que na estação fria
Parece sem vida... sem nenhum valor.

Mas veio a vida, com seus desafios e provas,
E tu, agora mulher, enfrentaste cada uma.
Cada batalha... cada dor superada
Fazia tua alma mais forte, mais iluminada.

E assim, tu que te achavas sem graça,
Começaste a ver-te de uma nova forma.
Como a pluméria, que após o inverno frio
Desabrocha em flores, num espetáculo raro.

Arthur Souto & Sueli Witts

Tu olhaste no espelho e o que viste?
Uma guerreira, uma rainha, uma deusa renascida.
Tua beleza não estava em teu rosto ou corpo,
Mas em tua alma, em tua luz, em tua vida.

Tu te tornaste linda, não aos olhos do mundo,
Mas aos teus próprios olhos, o que é mais profundo.
Como a pluméria, que floresce em esplendor,
Tu encontraste tua beleza, teu valor.

Deveras lembra-te, querida, quando te sentires pequena,
Que tu és como a pluméria, linda e serena.
Tua beleza está em tua força, em tua luz
E, assim como a flor, em ti a beleza reluz.

Caminhos de Plenitude

Família, marido, filhos, amigos, um sonho genuíno,
Proveito de poucos, tristeza que toca muitos.
Em tuas mãos, a busca pela plenitude,
Mas, neste caminho, o infortúnio é um espinho.

Os obstáculos se apresentam, múltiplos como estrelas,
Mas não te desanimes, pois já tens o que é nada.
Assim nascemos nus, sem saber das sutilezas,
Mas em teu peito uma chama ainda é guardada.

Vais então em busca do tudo que te faça bem,
Desbravando os mistérios da vida a cada passo.
O amor perfeito aguarda, revelando sentimentos,
Como um lírio branco que floresce no regaço.

Arthur Souto & Sueli Witts

Mostrará para muitos que um coração duro,
Nem sempre é vazio, mas abriga a sua dor.
Ele não se esconde, não vive no muro,
Busca refúgio no isolamento, porém anseia por amor.

E, assim, na fragilidade, a beleza se revela
Um jardim de emoções, onde o lírio brilha intenso.
Em cada flor, uma história, uma vida singela,
Mostrando que a plenitude se encontra em cada momento.

Deveras, prossegue, alma valente, nessa jornada,
Os sonhos que alimentas são sementes do amanhã.
Pois, mesmo no infortúnio, há luz que não se apaga
E a felicidade, como o lírio, sempre se fará canção.

Equilíbrio

Como a flor de maracujá és tu, mulher,
Bela e complexa, cheia de camadas e nuances.
Teu coração, como suas pétalas, se abre ao Sol,
Revelando a doçura e a força que em ti dança.

A flor de maracujá, com sua coroa radiante,
É como tua mente, clara e brilhante.
E assim como ela se fecha à noite,
Tu também te recolhes, buscando o equilíbrio e o descanso.

A flor de maracujá, com sua fragrância suave,
É como teu espírito, leve e agradável.
E assim como ela atrai as abelhas,
Tu atrais a paz, a harmonia e a estabilidade.

Arthur Souto & Sueli Witts

Assim como a flor de maracujá se transforma em fruto,
Tu também te transformas... crescendo e evoluindo.
E assim como o maracujá traz calma e serenidade,
Tu também trazes equilíbrio e tranquilidade.

Deveras, seja como a flor de maracujá,
Mantém teu equilíbrio, mesmo em meio à tempestade.
Pois assim como ela, tu és bela e forte
E em teu coração, a paz sempre terá morada.

Empoderada

Tu és como a estrelícia, forte e vibrante,
No jardim da vida, tu és deslumbrante.
Tua presença é como o Sol, brilhante,
Iluminando o caminho adiante.

Tua força é como as raízes da estrelícia,
Firme e profunda, cheia de perícia.
Nada pode abalar tua convicção,
Tua determinação é tua insígnia, tua inscrição.

Como a estrelícia que se ergue alta,
Tu te elevas acima da falta.
Com coragem e graça, enfrentas o vento,
Tua resiliência é teu monumento.

Estrelícia, com tuas pétalas laranja e azul,
Tu também és única, não há ninguém igual.
Com poder e paixão tu floresces
E todos ao teu redor tu enriqueces.

Assim como a estrelícia, tu és bela e forte,
Com um espírito indomável segues em frente.
Na tapeçaria da vida, tu és um fio brilhante,
Mulher, tu és empoderada... vibrante.

Arthur Souto & Sueli Witts

Poderosa

Tu és como a magnólia, forte e majestosa,
No jardim da vida, tu és gloriosa.
Tua presença é como a flor em plena floração,
Que se destaca com orgulho e determinação.

Como a magnólia que se ergue alta,
Tu te elevas acima de qualquer falta.
Com coragem e graça enfrentas o vento,
Tua força é teu monumento.

Magnólia, com tuas pétalas grandes e robustas,
Tu também és poderosa entre as justas.
Com poder e paixão tu floresces
E todos ao teu redor tu fortaleces.

Assim como a magnólia, tu és bela e majestosa,
Com um espírito indomável segues em frente.
A cada passo, tornas-te vitoriosa
Mulher, tu és poderosa... uma gigante.

Decidida

Tu és a mulher decidida, forte como a flor do café
No mercado da vida, escolhes com sabedoria o que há de ser.
Com olhar aguçado, não te deixas enganar,
Pelas falsas promessas que tentam te desviar.

Como a flor do café, que enfrenta o Sol ardente,
Persistes, resistes, avanças valentemente.
No teu cesto só entra o que é bom, o que é belo,
Rejeitas o trivial... o comum... o singelo.

A flor do café, em sua simplicidade, é uma joia rara
Assim como tu, mulher decidida, que a todos encara.
Compras o que é justo, o que é verdadeiro
No teu caminho, és a própria luz, o próprio luzeiro.

Avança, mulher, com passo firme e claro,
Como a flor do café, és exemplo raro.
Na vida, tua colheita é sempre certeira
Deveras tu és verdadeira.

Arthur Souto & Sueli Witts

Sabedoria

Uma mulher sábia, com olhar encantado,
Caminha sob o céu azulado.
Em suas mãos, uma orquídea reluzente,
Símbolo de beleza... um espírito valente.

Seus olhos resplandecem como o luar sereno,
Espalham sabedoria... um brilho pleno.
A orquídea em suas mãos se abre e resplandece,
Como o conhecimento que jamais desaparece.

Tu escolhes a flor com um toque suave,
Como quem conhece o valor de uma chave.
A chave para a sabedoria, para o amor,
Para a paz... e adeus dor.

A orquídea ela compra, não por vaidade,
Mas para celebrar a beleza da verdade.
A verdade que ela encontra em cada flor,
Em cada momento, em cada cor.

Mulher sábia, com a orquídea em mãos,
Ensina-nos sobre a vida, sobre os planos.
Que possamos aprender com sua sabedoria
E encontrar a beleza em cada dia.

Radiante

Tu és como o girassol, mulher confiante,
Tua vitalidade brilha como o Sol do levante.
Giras ao redor do sol com um amor constante,
Tua força e beleza são realmente impressionantes.

Como o girassol, tu te ergues com o amanhecer,
Com a luz do Sol, teu espírito começa a florescer.
Tua energia é contagiante, faz tudo renascer,
Como o girassol, tu fazes o mundo se mover.

Girassol, girassol, com pétalas de ouro,
Mulher, mulher, teu valor é um tesouro.
Ambos enfrentam o dia com um sorriso largo,
A vida flui em vocês como um rio largo.

Deveras, continue a brilhar, mulher, com toda a tua vitalidade.
Como um girassol, és um símbolo de felicidade.

Arthur Souto & Sueli Witts

Harmonia

Como a flor em plena primavera,
Radiante, vibrante, cheia de vida,
Assim és tu, mulher sincera,
Que encontras na natureza tua alegria incontida.

Com os olhos brilhando, tu caminhas
Pelas ruas da cidade, coração a pulsar.
Na floricultura, uma visão te atina,
Tu sorris, sentindo teu espírito dançar.

A gérbera amarela, cor do Sol e do dia,
Reflete a luz que em teu ser habita.
Feliz tu a contemplas, que alegria!
Na simplicidade, na felicidade tu acreditas.

Como a flor, és forte e bela,
Emanando amor, espalhando alegria.
Na simplicidade, encontras a centelha
De uma vida vivida em harmonia, como a gérbera.

Juventude

Na primavera da vida, surgiste
Como uma margarida em campo aberto.
Tua juventude é um livro a ler,
Cada página, um momento descoberto.

Danças ao vento, livre e desinibida
Como a margarida, balanças, mas não cais.
Tua risada é uma canção ouvida,
Ecoando nos corações, aonde sempre vais.

Teus sonhos são pétalas ao vento,
Espalhando esperança por onde passas.
Cada dia é um novo evento,
A vida é tua e tu a abraças.

Como a margarida, és pura e bela,
Tua juventude é um presente divino.
Na simplicidade, tu és bela,
Uma vida vivida com amor e carinho.

Arthur Souto & Sueli Witts

Resiliente

Como a flor de ivy, sempre verde,
Assim és tu, mulher de fé.
Tua lealdade é uma chama,
Um farol constante, um amor.

Um porto seguro, uma rocha,
Uma força que inspira, que motiva.
Caminhas com graça, com passos firmes,
Tua fidelidade é uma canção.

És como a ivy, que mesmo em muros
Persiste, cresce e encontra seu sustento.
Teu caminho é de luz, de contentamento,
Tua verdade ressoa em cada movimento.

Teu coração é um jardim onde a ivy floresce,
Onde a lealdade é a semente que plantas.
E mesmo quando a tempestade aparece,
Tua fé não vacila, não cansa.

És um farol na escuridão, uma esperança,
Tua luz interior nunca se cansa.
Como a flor de ivy és forte,
Tua fidelidade é um presente divino.

Esperançar

Como a açucena em pleno florescer,
Assim és tu, mulher de esperança.
Tua fé é um farol a resplandecer,
Um sonho de dias de bonança.

Caminhas com leveza, com passos de dança,
Tua esperança é uma melodia suave.
És como a açucena, que em sua elegância
Persiste, cresce, mesmo em solo bravo.

Teu coração é um jardim onde a açucena floresce,
Onde a esperança é a semente que plantas.
E mesmo quando a tempestade aparece,
Tua fé não vacila, não cansa.

És um farol na escuridão, uma esperança,
Tua luz interior nunca se cansa.
Como a açucena és forte,
Tua esperança é um presente divino.

Na simplicidade, encontras a centelha
De uma vida vivida para amar.
És um exemplo de força, um ensinamento,
Uma mulher de fé... é preciso esperançar.

Arthur Souto & Sueli Witts

Pureza

Como a flor suyane, de brancura imaculada,
Assim és tu, mulher de pureza inigualável.
Tua alma é um lago de águas calmas, prateadas,
Um espelho de luz, um amor inabalável.

Caminhas com serenidade, com passos de dança,
Tua pureza é uma melodia suave,
És como a suyane, que em sua elegância
Persiste, cresce, mesmo em solo bravo.

Teu coração é um jardim onde a suyane floresce,
Onde a pureza é a semente que plantas.
E mesmo quando a tempestade aparece,
Tua fé não vacila, não cansa.

És um farol na escuridão, uma esperança,
Tua luz interior nunca se cansa.
Como a suyane és forte,
Tua pureza é um presente divino.

Na simplicidade, encontras a centelha
De uma vida vivida com amor e leveza.
És um exemplo de força, um ensinamento,
Uma mulher de pureza.

Singular

Como a flor begônia, única e deslumbrante,
Assim és tu, mulher singular.
Tua essência é um rio corrente, constante,
Um universo em si, um amor sem par.

Caminhas com confiança, com passos de dança,
Tua singularidade é uma melodia suave.
És como a begônia, que em sua elegância
Persiste, cresce, mesmo em solo bravo.

Teu coração é um jardim onde a begônia floresce,
Onde a singularidade é a semente que plantas.
E mesmo quando a tempestade aparece,
Tua fé não se abala... apenas cresce.

És um farol na escuridão, uma esperança,
Tua luz interior é como uma criança.
Como a begônia és forte,
Tua singularidade é um presente divino.

No futuro, vês a ti mesma, vitoriosa e brilhante,
Como a begônia floresces em plena luz do dia.
Tua vitória não é um acaso, mas constante,
És uma mulher singular que a vida desafia.

Arthur Souto & Sueli Witts

Ode à Mulher Admirada

És mulher de força e esplendor, de rara e nobre intenção,
Em meio à multidão, és chama e calor, um farol
em ascensão.
Tua presença é como o jasmim no campo a perfumar,
Encantas onde estás, és o Sol a despontar.
Tua luz é firme, tua alma rara,
Como a flor que, ao desabrochar, a beleza declara.

És flor de alma pura, de encanto e paixão,
Tua essência, mulher, é nossa inspiração.
Tua força e graça dançam no vento,
Envolvem a vida em cada momento.
És corajosa como o amanhecer,
Trazes luz ao caminho e o faz renascer.

Tua voz é como brisa, doce ao escutar,
Trazes paz e carinho, és lar a abraçar.
Tua sabedoria é raiz que brota da terra,
És a mão que acolhe e o coração que se entrega.
Tua bondade, como chuva ao solo a molhar,
É a fonte que faz a vida se transformar.

Jasmim que encanta, símbolo de ternura e cuidado,
Tu, mulher, és nosso mundo renovado.
Tua influência é sol, tua presença é canção,
Pintas o mundo em notas de emoção.
E a sociedade em ti se enxerga e floresce
Com tua força e graça, o universo agradece.

Arthur Souto & Sueli Witts

A Jornada de Fé e Recomeço

Como a Íris, tu brilhas, mulher,
És farol que se ergue ao amanhecer.
Recomeças, mesmo em tempos distantes,
A esperança conduz teus instantes.
Íris divina, em ti se reflete,
A força que o coração promete.

Tua voz é perfume a se espalhar,
Doçura e coragem vêm te guiar.
Na tempestade, és porto e bonança,
Teu caminhar é trilha de esperança.

Como a flor que floresce na dor,
Mulher, és raiz, renovo e amor.
No pôr do sol, semeias tua paz,
E no arrebol, tua luz se refaz.

Sinfonia da Renovação

Acácia, flor de graça e esplendor,
Reflete em ti, mulher, o seu valor.
Cultiva a pureza, tal qual a flor traz,
E a inocência em teu coração se faz.

Acácia, símbolo de vida, renovação,
Mulher, em teu caminho, és vencedora.
Buscas o renascer, cada amanhecer,
Como a acácia, trazes o arrebol.

Acácia, flores ao céu, tão bela,
Mulher, em fé encontras tua estrela.
Renovas a esperança, como a flor.

Nutres a sociedade com amor.
Como a acácia após a tempestade,
Trazes a fé... o recomeço... a saudade.

Arthur Souto & Sueli Witts

Doçura da Renovação

Mulher, és encanto e ternura,
Despertas a doçura da vida em cada instante.
Como a flor, és presença constante,
Que aos corações oferece frescura.

És símbolo de sabedoria e proteção,
Como a brisa que toca o amanhecer.
Teu caminho é firme, sem retroceder,
E, com graça, segues tua missão.

Tua busca é doce, teu renascer sutil,
Em cada flor que desabrocha no jardim,
Como a hazel, renovas-te enfim,
Fortaleza e suavidade em um perfil.

Mulher, em ti o ciclo da vida reflete
A doçura que acolhe, a força que cresce,
A sabedoria que o tempo tece
E o encantamento que, em ti, se repete.

Toque de Amor

Em um universo de estrelas, uma mulher brilhava,
Carregando em seu ventre uma vida que se formava.
A espera era longa, a jornada era dura,
Mas em seu coração, tudo mudara.

Chegou o momento, a hora da verdade,
A mulher em trabalho... que felicidade!
Do ventre que carregava a filha tão amada,
Que logo estaria em seus braços... jornada terminada.

Com um grito de força e um suspiro de alívio,
A mulher deu à luz, em um momento decisivo.
E ali, em seus braços, uma filha tão pequena,
Como um botão de crisântemo... a flor de Atena.

A filha, tão frágil, tão doce e tão pura,
Como a flor de crisântemo em sua formosura.
A mulher olhou para a filha e o que ela viu?
Um crisântemo dourado que em seus braços floriu.

Arthur Souto & Sueli Witts

A filha crescerá como a flor se desabrocha,
Com a força de sua mãe, que a vida lhe toca.
E assim como o crisântemo, a filha de ouro
Brilhará neste mundo com seu valor e tesouro.

Quando seguraste tua filha pela primeira vez,
Sentiste um amor que não pode ser expresso em rima ou verso.
Ela era leve como uma pétala, agora era o teu universo.
Como um crisântemo recém-desabrochado tua filha era pura e imaculada,
E em teus braços sentiste a promessa de uma jornada recém-iniciada.

Jardim de Esperança

Em um jardim de espinhos, tu nasceste,
Uma menina pequena, sem cor e sem amor.
Tua infância foi dura como uma tempestade,
Mas em teu coração tu guardavas a vontade.

A vontade de crescer... florescer... de viver,
De transformar teu jardim, de fazer acontecer.
Tu regaste teus sonhos com lágrimas e dor,
Mas nunca desististe, nunca perdeste o amor.

Tu cresceste... lutaste... e venceste,
Em teu jardim de espinhos, uma rosa floresceu.
A menina que sofria agora é uma mulher
Que encontrou a felicidade, que aprendeu a viver.

Arthur Souto & Sueli Witts

Teu jardim de espinhos agora é um jardim de flores,
Cheio de cores, cheio de amores.
Tu és a prova de que após a tempestade vem a bonança,
De que a esperança é a última que morre, é a primeira
que dança.

Tu és a mulher que transformou tua dor em canção,
Que fez do teu jardim uma inspiração.
Tu és a mulher que sofreu, mas que encontrou a felicidade,
Nos ensina que tudo é possível com amor e bondade.

Passeio no Jardim da Alegria

Num dia radiante, com o Sol a brilhar,
A família se junta pronta para passear.
Caminhando unida, a alegria é um baluarte,
Rindo e contando histórias como um grande estandarte.

As flores dançam ao vento, um espetáculo de cor,
As margaridas sorriem, trazendo muito amor.
"Olhem! Uma borboleta!", grita a pequena com emoção
E todos seguem seu voo como se fosse uma canção.

Os passos são leves, como as folhas a flutuar,
Cada canto um mistério, cada risada a ecoar.
Com um piquenique à sombra, sob a árvore frondosa,
Saboreamos delícias, a vida é tão formosa!

O pai lança uma bola, as crianças correm em volta,
"Pegou! Não pegou!" – a diversão nunca se solta.
E a mãe, com seu jeito, faz um doce encantado
Com um toque de alegria, é um banquete sagrado.

Arthur Souto & Sueli Witts

Como as flores que se abrem, em um espetáculo de vida,
Cada momento compartilhado é uma festa querida.
Na grama verdinha, rolam e brincam,
Os risos são a música que ao vento se vincam.

E ao final do passeio, sob o céu a se encantar,
Cada coração pulsa pronto para amar.
As margaridas se curvam, como a dizer "obrigado",
Por um dia tão lindo, por um amor bem regado.

Assim, neste passeio, em que a vida se exalta,
A família é um jardim onde a alegria nunca falta.
Como as flores que perfumam, no suave balançar,
Em cada passo dado o amor vem nos guiar.

Jardim no Coração

Nada é mais sublime que as palavras do teu coração!
Brotam como as flores no jardim durante a primavera.
É terra fértil um coração que passou pela provação,
Pois é do coração que saem as palavras mais belas.

Nunca pensaste ter teus sentimentos expostos...
Esvazia-te deste peso e deixa que o mundo,
Conheça-te e veja em ti o oposto,
És um poço de sentimentos profundos.

Enganas muitos com a máscara que usas,
A cada dia tens a certeza da vitória, mesmo que não venças.
Estás pelo avesso a vida inteira, não te cansas?
Vire a página... siga em frente... perceba-te!

Arthur Souto & Sueli Witts

O Legado da Dama da Rosa

No ocaso da vida, onde a luz se esvai,
Ergue-se uma senhora, com histórias que traz.
Seus cabelos prateados, como fios de prata,
Guardam segredos de uma vida bem vivida, que não se desata.

Ela é a Dama da Rosa, símbolo de amor,
Em cada pétala, as conquistas, o riso e a dor.
Nos jardins que cultivou, florescia a esperança,
Cada flor era um sonho, uma dança na confiança.

Lutou como uma guerreira, enfrentou tempestades,
Com coragem inabalável, desafiou as dificuldades.
Construiu um lar, um refúgio de ternura,
Os filhos e amigos, sua maior fortuna.

Em suas mãos, o calor de abraços apertados,
Nos olhos, a sabedoria de tempos passados.
Contou histórias ao redor da mesa farta,
Onde o riso e a união eram a verdadeira arte.

A rosa em seu peito, vibrante e bela,
Era o símbolo de vitórias, a vida que revela.
Entre amores e despedidas soube aplaudir,
Cada momento vivido, cada sonho a fluir.

E agora, ao fim da jornada, enquanto o Sol se despede,
Olha para o horizonte, onde o tempo não cede.
Com um sorriso sereno, na face, um brilho,
Sabe que seu legado é um imenso filho.

A flor que a representava, agora em seu altar,
É a rosa da vida, que nunca irá murchar.
Nos corações que amou, sua essência permanece
E, assim, na eternidade, sua luz nunca se esquece.

Deveras, ao olhar para trás, no último instante,
Vê um jardim de beleza radiante.
A Dama da Rosa, em sua vida, resplandece
Um poema épico, onde a alma nunca adormece.

Arthur Souto & Sueli Witts

A Jornada de Íris

No início, vagava sem saber,
olhos fixos em sombras do que foi.
O coração, pesado e sem querer,
deixava o brilho do mundo para depois.

Vivia sem cantar as pequenas belezas,
sem ver no céu as tintas do amanhã,
nas águas de rios, suas purezas,
ou nas árvores a dança tão vã.

Um dia, perdida em vastas montanhas,
onde o vento soprava sem direção,
ouviu da brisa estranhas façanhas
de almas que vivem com gratidão.

Ali, no vale que o tempo escondera,
viu um campo coberto de flores sem fim
e, entre elas, a flor da primavera,
a íris que a olhava como um jardim.

Em seu perfume, a flor murmurava,
como se em segredo a quisesse guiar:
"Quem vê o bem em tudo que há
encontra força para sempre amar".

Deveras, com passos hesitantes,
tocou a flor e sentiu seu pulsar,
uma melodia que, entre os instantes,
ensinava a graça de agradecer e amar.

Viu o azul-celeste no alto sorrir,
sentiu o calor do Sol a envolver
e nas pequenas folhas, a reluzir,
viu motivos para em tudo crer.

Desde então, nunca mais vagou,
seus olhos agora eram de festa e cor;
ao acordar, o céu ela saudou,
como quem reencontra um grande amor.

Deveras aprendeu a força da emoção,
o mistério profundo que o dia traz,
de enxergar em cada ato uma lição
e viver, finalmente, em paz.

Arthur Souto & Sueli Witts

Jardim de Saberes

Assim como a primavera abraça as flores,
Tu segues regando teu jardim com esperança.
Cada tulipa que cresce é um reflexo de quem és,
Renasces em cores, com amores e confiança.

O amor, outrora visto como proibido,
Agora te impulsiona a sonhar sem limites.
No vaivém do Sol e da Lua... deveras te redescobres,
Amando a ti mesma... sem prisões... persistes.

A jornada que escolheste é de aprendizado,
Ensinar, sim, mas também aprender a viver,
Cada passo que dás é uma flor que floresce,
Cultivando sonhos, vendo-os crescer.

Nas mãos da vida, colhes o que plantaste,
Diversas flores em teu coração a brotar,
E assim, tua caminhada é leve e brilhante,
Amar... crescer... aprender... esperançar.

Buquê

Tu és como um buquê, florido e belo,
Cada pétala uma vitória, um elo.
Lutas travadas, batalhas vencidas,
Em cada desafio, uma nova vida.

Rosa vermelha, paixão e coragem;
Lírio branco, pureza e verdade.
Tulipa roxa, realeza e poder;
Margarida amarela, alegria de viver.

Cada flor em teu buquê
Conta a história de uma mulher de fé.
Vitoriosa… forte… bela
Como um buquê, és uma aquarela.

Arthur Souto & Sueli Witts

Ecos de Vida e Flores

Em cada verso, uma história se entrelaça,
nos jardins da alma, sementes a brotar;
minhas memórias, como pétalas, se abraçam,
neste poema vivo, que insiste em cantar.

As flores do tempo, com suas cores vibrantes,
bordam o caminho que escolhi seguir;
cada riso e lágrima, momentos marcantes,
encontrando beleza em cada porvir.

Entre sombras e luz, a vida é um baile,
onde os sonhos dançam, livres em seu par;
as dores se tornam lições em um mural,
e o amor, a canção que não cessa de soar.

E ao olhar para trás, vejo as estações,
cada flor que desabrochou, um fragmento de mim;
na dança do vento, ecos de emoções,
um ciclo infinito, um eterno ir e vir.

Agora, com gratidão, fecho este ciclo;
as páginas viradas, um legado de amor;
minha vida em versos, um doce e sutil fôlego,
onde as flores eternas são sempre esplendor.

Que cada leitor leve consigo um pedaço
desta jornada entre risos e flores,
pois em cada coração há sempre um laço,
um jardim de histórias, onde florescem amores.

E assim, celebro a vida e seu mistério,
em cada palavra um toque de magia,
pois entre versos e flores é o que é sério,
a beleza de viver em plena harmonia.

Arthur Souto & Sueli Witts